前言

它们从海洋走来,经过了漫长而艰辛的进化历程,它们是统治陆地时间最长的动物,它们遍布世界各地,种类繁多无法计算,它们就是爬行动物。你知道吗,令人惊叹的恐龙就属于爬行动物家族,而人们现在看到的爬行动物主要是龟、蛇、鳄鱼、蜥蜴等。

本书用精美的图画、生动的语言,向小朋友们讲述了这群爬行动物的生活,当你看到一条蛇慢慢地蜕去外皮,当你看到一只蜥蜴用灵活的舌头捕食,当你看到凶猛的短吻鳄会在冬天钻入洞穴冬眠,当你看到爬上岸的海龟悄悄地哭起来,你一定会被它们深深吸引。现在,小朋友们,让我们一起来感受爬行动物的世界吧!

目录

什么是爬行动物…1

爬行动物的演变…2

走进爬行动物家族…4

冷血动物的血是冷冷的吗…6

奇特的鳞甲…8

蜕皮…9

用来了解世界的感官…10

防御和战斗…12

求偶大战…14

孵化和生育…15

小海龟大冒险…16

隐藏在河边的杀手——鳄鱼…18

别怕，过来看看鳄鱼的生活吧…20

鳄鱼是怎么行走的…22

你会识别鳄鱼吗…23

有名的老寿星——龟…24

龟的秘密…26

形形色色的蜥蜴…28

美餐时间到啦…30

搞笑大作战…31

沙蜥的一天…32

没有毒的巨蟒…33

小心，这些蛇有毒…34

毒液和毒牙…36

在野外被蛇咬了怎么办…37

蛇是怎么运动的…38

喜欢偷袭的大胃王…40

关于爬行动物的秘密…41

你还能认出它们吗…42

如果爬行动物消失了，人类将会………43

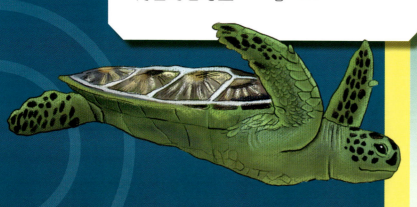

让孩子着迷的第一堂自然课
爬行动物
PAXING DONGWU

童心 编著

化学工业出版社

·北京·

图书在版编目（CIP）数据

让孩子着迷的第一堂自然课．爬行动物 / 童心编著．—北京：化学工业出版社，2019.6（2022.8重印）
ISBN 978-7-122-33720-7

Ⅰ．①让… Ⅱ．①童… Ⅲ．①科学知识—青少年读物
②爬行纲—青少年读物 Ⅳ．① Z228.2② Q959.6-49

中国版本图书馆CIP数据核字（2019）第 044786 号

责任编辑：王思慧　谢　娣
责任校对：王　静　　　　　　　　　　　　装帧设计：尹琳琳

出版发行：化学工业出版社（北京市东城区青年湖南街13号　邮政编码100011）
印　　装：天津画中画印刷有限公司
787mm×1092mm　1/12　印张4　字数58千字　2022年8月北京第1版第2次印刷

购书咨询：010-64518888　　　　　　　　　售后服务：010-64518899
网　　址：http://www.cip.com.cn
凡购买本书，如有缺损质量问题，本社销售中心负责调换。

定　价：22.80元　　　　　　　　　　　　　　　　　　　　　　版权所有　违者必究

什么是爬行动物

爬行动物是一种很常见的动物，它们大部分都"穿着"一身防水的"鳞甲外衣"，有的生活在陆地，有的生活在水中，也有的既能在陆地生活，也能在水中生活。现在，世界上大约有6500种爬行动物。

蜥蜴

1. 鳞片状皮肤非常干燥；
2. 附肢成对地生长；
3. 5个趾；
4. 运动时，四肢向外侧延伸，腹部着地，匍匐着前行。

蛇

1. 毒蛇的头部一般呈三角形，无毒蛇的头部一般呈椭圆形；
2. 又细又长的身体；
3. 也许在很久以前，蛇也是用脚走路的，但现在它们用身体蜿蜒前行。

爬行动物的演变

爬行动物是由两栖类动物进化而来的，它们是第一批真正摆脱对水的依赖而征服陆地的动物，也是统治陆地时间最长的动物。在中生代，爬行动物不仅统治着陆地，还统治着海洋和天空，所以这一时期也被称为"爬行动物时代"。

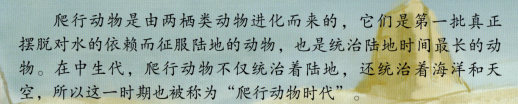

❶ 在3.2亿年前，地球上出现了第一批爬行动物，它们是古斑沙蜥与林蜥，与现在的蜥蜴非常像。

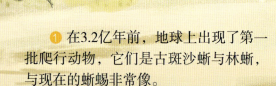

❷ 后来，爬行动物进化成了两个分支。

无颞（niè）孔类：这类爬行动物头骨上除了鼻腔和眼窝外，没有其他洞孔。现在龟鳖目动物仍然保留着这种独特的头骨结构。

颞孔类：大部分爬行动物的眼睛后面进化出一对颞孔，比如恐龙。现在的爬行动物家族中，蛇和蜥蜴都有颞孔。

❸ 到了二叠纪，地球气候从闷热潮湿变得酷热少雨，于是爬行动物们逐渐学会了保存水分，有的爬行动物还把地盘扩展到了沙漠地带。

❺ 到三叠纪时，古蜥演变出许多不同物种，比如爱吃鱼的长颈龙，长着长长喙嘴的蜥蜴，也叫喙头蜥，还有翼龙、鳄鱼等。

❹ 二叠纪晚期，爆发了第一次物种大灭绝。古蜥逐渐在爬行动物家族中占据统治地位。它们的后腿比前腿长，可以直立行走。

❻ 又过了很多年，爬行动物恐龙几乎遍布整个地球。它们是陆地的"王者"，最大的敌人只有同类。

❼ 可是，在白垩晚期发生了物种大灭绝，恐龙等所有庞大的爬行动物都灭亡了，只有鳖类、喙头蜥、蜥蜴、蛇、蚓蜥、鳄鱼等幸存下来，并且一直生存到现在。

走进爬行动物家族

尽管许多爬行动物已经灭绝,但在自然界,爬行动物仍然家族兴旺,是非常繁盛的种群,它们的数量仅次于鸟类,排在陆地脊椎动物的第二位。不过,爬行动物到底有多少种谁也无法说清,因为新的种类还在不断地被鉴定出来。

体型最大的爬行动物

咸水鳄身体长可以达到7米,重可以达到1.6吨,十分庞大。

体型最小的爬行动物

侏儒壁虎生活在热带雨林中,它们不仅反应非常迟钝,身体更是小得不可思议,包括尾巴在内,长大约只有1.6厘米。

最古老的爬行动物

林蜥是现存已知最古老的爬行动物,身长约20~30厘米。

形态分类

根据形态,爬行动物可以分为四大类。

❶ 龟鳖目爬行动物——这类爬行动物有坚硬的外壳保护自己(海龟、鳖)。

❷ 有鳞目爬行动物——这类爬行动物包括蜥蜴和蛇。

❸ 鳄目爬行动物——这类动物居住在河流、湖泊和沼泽中(短吻鳄、凯门鳄)。

❹ 喙头目爬行动物——这是爬行动物家族中一个非常特殊的类别,现在只有斑点楔齿蜥一个物种。

根据居住环境分类

根据居住环境,爬行动物可以分为地栖型(沙漠蜥蜴)、树栖型(变色龙)、穴居型(五趾双足蚓蜥)和水栖型(鳄鱼)。

斑点楔齿蜥

冷血动物的血是冷冷的吗

你一定见过爬行动物。那么你有没有摸过它们呢？如果你摸过，就会发现这些动物的身体有时很温暖，有时很冰冷。别奇怪，这是因为所有爬行动物都是冷血动物，也叫变温动物，它们会自动"调节"体温，让自己更好地生存下去。

不能缺少的阳光

爬行动物依靠阳光来温暖身体，维持正常的生理机能。如果一只爬行动物的体温不够高，它的胃就不能正常消化食物，慢慢地，爬行动物就会死亡。所以说，阳光对爬行动物来说非常重要。

> 你们知道什么是冷血动物吗？
>
> 当然，就是那些血是冰冷的动物。
>
> 哈哈，才不是呢！冷血动物是那些体温会随着外界环境变化的动物。

其实，自然界里除了鸟类和哺乳动物，其他动物都是冷血动物。

鱼儿在水中，有时浮在海面，有时游回深处，就是为了调节身体的温度。

白天，蜥蜴把自己埋在沙漠里，以免被太阳"晒干"。

冷血动物怎么调节体温呢?

天气炎热时,双脊冠蜥常常在树枝间纳凉。

早晨,蛇从阴冷处爬到石头上晒太阳。中午,它又爬回阴凉处休息。

奇特的鳞甲

几乎所有爬行动物的皮肤表面都长着坚硬的鳞甲，这些鳞片不仅有装饰作用，更重要的是可以保证爬行动物更好地生存。

刺角蜥的皮肤上长着许多锥形的尖鳞片，看起来就像是尖锐的棘刺，可以吓退敌人，保护自己。

蛇的鳞片光滑柔韧，可以用来钻洞和在地面爬行。蛇下水后，鳞片还可以防水。

鳄鱼的鳞片非常坚硬，背部和腹部还有骨化鳞片。鳄鱼在搏斗时，它们的鳞片可以保护内脏。

乌龟的鳞片很少，只有头部和腿部有凸起的鳞片。上岸后，鳞片可以防止体内的水分被蒸发。

蜕皮

所有的爬行动物都会蜕皮。当身体长大或鳞片被磨损得非常"旧了",它们就会把全身的皮肤都"脱掉",用里面长出的新皮更换。

蜥蜴

蜥蜴一块一块地蜕皮,有的蜥蜴会用嘴撕掉旧皮,并当作食物吃掉。

蛇

蛇蜕皮时非常巧妙,它们从旧皮中钻出来,就像人们脱袜子一样。

鳞片主要是由一种叫角蛋白的物质组成,人类的头发和指甲里也含有这种蛋白质。

听觉

大多数蛇通过用头盖骨上的骨头感觉地面的振动来"听"。

鳄鱼有完整卷曲的耳蜗作为听觉器官。

大部分蜥蜴的眼睛后面长着耳膜,它们从空气振动中听声音。

用来了解世界的感官

和其他动物一样,爬行动物也要靠嗅觉、听觉和视觉去了解周围的世界。有的动物只用一种方式来感知世界,而有的动物会同时用好几种方式。

视觉

变色龙的眼睛非常大,眼球可以转动180度,两只眼睛可以自由活动,当一只眼睛盯住猎物时,另一只眼睛会观察四周,防备敌人偷袭。

壁虎常常在夜间活动,视觉非常敏锐。不过,壁虎没有眼睑,所以眼睛总是睁开的,并通过瞳孔的收放来观察外面的世界。

嗅觉

蛇不停地伸出舌头,并发出"沙沙"声,这是在空气中捕捉猎物的气味呢。

蛇、蜥蜴和乌龟还有一个特殊的器官可以从空气中嗅出各种气味,就是雅克布森器官。雅克布森器官又叫锄鼻器,因为它是鼻腔的一部分左右膨起形成的一对囊狀器官。

感觉温度

许多种类的蛇其嘴唇周围有许多特殊的豁口,这些豁口就是颊窝。蛇不仅能用这个颊窝灵敏地感应周围温度的变化,还能定位温血猎物的位置。

防御和战斗

为了生存，不论什么动物，都要学会防御的技巧和战斗的本领，这样才能保护自己，也能捕捉猎物，维持生存。爬行家族的成员们，也都纷纷练就了一身本领或掌握了某种绝技，在危急时刻总能化险为夷。

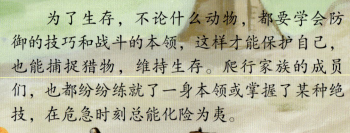

断尾

蜥蜴遇到危险时，会将尾巴自动断掉，断掉的尾巴会在地上跳动一阵子，以吸引敌人的注意，蜥蜴则趁机赶紧逃跑。不久之后，断掉的尾巴会重新长出来。

收缩

乌龟有坚硬的外壳，遇到敌害时，它们立刻将头、腿和尾巴缩进壳里。

警告

响尾蛇有毒液，但是感觉到威胁时，它们会首先竖起尾巴，颤动尾尖，发出"嘶嘶"的警告声，希望能吓跑敌人。

发出臭味

麝龟体型娇小，它们的腿上有一种腺体，可以发出刺鼻的臭味来熏跑敌人，保护自己。

模仿

奶蛇没有毒，但是它却有着和剧毒的银环蛇一样的花纹，这样就能迷惑敌人，使敌人误以为它们是有毒的，从而避免被吃掉。

变色
变色龙的皮肤下有色素细胞,它们可以改变身体的颜色,迷惑天敌。

恐怖表演
沙漠角蟾蜍遇到敌人时,身体会膨胀,看起来比平时大好多,有时它们还从眼睛中喷射出小血滴,使来犯者"心惊胆战",只好放弃并匆忙离开。

装死
生活在欧洲的环带游蛇被捕食者盯上后,会一动不动地躺在地面上,舌头从嘴里耷拉出来,假装死去。因为大部分捕食者喜欢吃新鲜的猎物,所以它们便能幸运逃生。

正面战斗
眼镜蛇是动物界的"冷血杀手",它们对付敌人只有一招——一边紧紧咬住猎物,一边将毒液注入猎物体内。这一招常常使对手丧命。

跳水
王蜥常常栖息在河边的树上,遇到危险时会立刻跳到河里,依靠足趾上的皮膜在水面上奔跑。它们还可以在水中游泳,甚至能潜入水下,等到了安全的地方再浮出水面换气。

求偶大战

每到繁殖季节,生活在树上和水中的爬行动物都会到陆地上寻找伴侣、繁殖后代。这时,爬行动物要"举行"各种求偶仪式,有的放出气味,有的发出信号,有的变换体色等,精彩纷呈、竞争激烈。

鬣蜥的"装饰袋"

鬣蜥的喉咙下方有一块松弛下垂的皮肤,看起来像一个大大的袋子挂在胸前。每到繁殖季节,它们就把这个袋子鼓得大大的,还装点着淡淡的颜色来吸引配偶。

凶狠逼迫

乌龟看起来非常温柔、善良,但在求偶时却十分野蛮。一旦雌龟不愿意,雄龟就会猛地把雌龟顶翻,几次后,雌龟只好同意了。

摔跤大战

雄巨蜥非常勇猛,在繁殖季节,常常可以看到两只巨蜥你推我搡,一只用尾巴毫不留情地抽打情敌,一只用有力的前爪狠狠回击,谁也不让谁,直到一方败下阵来。

缠绵的响尾蛇

响尾蛇平时都是独居生活,只有到了繁殖季节,雌响尾蛇和雄响尾蛇才会待在一起,很难分开。一对响尾蛇夫妻,如果一条想要挪动地方,另一条也会缠绕着一起移动。

野蛮求爱

雄鳄鱼在求偶时会抬起头来大声地吼叫,警告别的雄性鳄鱼不要靠近。有时,它们还会在水下吐出一串串的水泡来吸引雌鳄鱼。

孵化和生育

大部分爬行动物在交配后，就要寻找隐蔽且合适的地方产卵。不过，也有少数爬行动物的卵在体内孵化。

响尾蛇

响尾蛇的卵一直在体内进行孵化，这样可以使宝宝们生存的可能性更大。宝宝一生下来，就会行动，这时响尾蛇就不再管它们了。

雌海龟

雌海龟在沙滩上挖洞建巢，把卵产在洞里后用沙子掩埋，然后就会离开，让宝宝们自然孵化。

用身体孵化

有的蛇不在体内孵化卵，也不将卵产在土壤里，而是用自己的身体把卵圈起来，通过肌肉的收缩，产生热量，使卵顺利孵化。

称职的母亲

尼罗河鳄鱼孵化出宝宝后，会把它们放在嘴里含着，送到池塘的安全处。鳄鱼妈妈常常要辛苦地往返好几趟，才能把宝宝们全部送到岸边。

小海龟大冒险

在世界各地的海洋中，几乎都能看见海龟的身影。你知道，这些看起来永远都慢腾腾的可爱家伙是怎么出生和长大的吗？它们在生长过程中又发生了哪些趣事，遇到了哪些危险呢？如果你不知道，就赶紧来看看吧！

爬行动物的宝宝一般都和父母长得很像，瞧，小棱皮龟长得越来越大，身体颜色也越来越深，长得更像父母了。

① 每年5～6月，一只只雌棱皮龟爬出海洋，回到曾经出生或孵化的沙滩上挖出洞穴，作为宝宝的孵化室。

② 夜晚，雌棱皮龟将身体埋在沙子里，把卵产在其中。

③ 棱皮龟每次能产下100枚卵，用沙子掩埋后它们就回到大海。

④ 大约经过2个月的孵化，幼龟从龟卵中破壳而出，纷纷爬出地面。

⑤ 不是所有的卵都能孵化出小海龟，100枚卵中大约能孵化出80只小龟。和所有爬行动物一样，巢穴的温度将决定它们的性别。

尽管海龟寿命很长，产卵很多，可实际上海龟的数量并不多，有的海龟正濒临灭绝，因此需要人类的保护。

❻ 小海龟们一出生，便纷纷向海洋爬去，虽然离海洋很近，可是这条路却充满危险。

❼ 很多小棱皮龟在爬向海洋的路途中，成为了秃鹰等捕食者的美餐。瞧，一对秃鹰正在大饱口福。

❽ 经过这段艰难的旅程，只有一小半小海龟投入了大海的怀抱，开始了新的生活。

❾ 终于，一些幸运的小海龟躲过了捕食者，第一次尝到了海水咸咸的味道。

❿ 可是，大海中依然充满危险，章鱼、鲨鱼、海鸟等总会捕食小海龟，有时人类也会捕食小海龟。

⓫ 平安顺利长大的小海龟数量很少。长大的雌性小海龟在繁殖季节，又循着上次的路线回到出生地，产下下一代。

17

隐藏在河边的杀手——鳄鱼

鳄鱼是现存最大、最危险的爬行动物。它们是凶残的捕猎者，常常潜伏在水中，只露出眼睛和鼻孔，袭击那些来河边饮水的动物。

尼罗河鳄

凯门鳄

凯门鳄是一种生活在中南美洲的短吻鳄。它们的体型比一般鳄鱼要小，在陆地上能够敏捷地爬行。

凯门鳄

短吻鳄
短吻鳄生活在美国和中国,从乌龟到鸟类,都能成为它们的食物。每到夏天,它们就在沼泽地里嬉戏打滚儿,到了冬天,就会钻进洞穴冬眠。

尼罗河鳄
尼罗河鳄又叫尼罗鳄,它们成群生活,而且族群内部有着严格的规定,只有一样年龄、一样性别的鳄鱼才能加入这个大家庭。尼罗河鳄非常耐饥饿,成年后1年大约只吃50顿饭,它们将大部分食物转化成脂肪,存储在身体中,所以不会被饿死。

侏儒鳄
侏儒鳄是体型最小的鳄鱼之一,身长只有1米左右。它们平时非常小心谨慎,一遇到危险,就会马上躲藏到河岸的洞穴里。

湾鳄
湾鳄是鳄鱼家族中最大、最危险的成员,被称为"鳄鱼之王"。它们体长可以达到10米,体重可以达到1000千克,因为生活在海水中,又被叫作咸水鳄。湾鳄十分凶猛,能够杀死像水牛一样大的动物。在澳大利亚,每年有1000多人死于湾鳄之口。

恒河鳄
恒河鳄生活在印度北部的恒河里,嘴巴又长又窄,牙齿特别尖锐,非常善于捕鱼。它们从不侵害人类,但是会吃恒河上漂浮的死尸。

扬子鳄
扬子鳄是生活在我国的一种鳄鱼,十分珍贵。它们平时生活在温暖的湖岸边、芦苇丛或竹林丛中,到了寒冷的冬季,就钻进洞穴中冬眠。

别怕，过来看看鳄鱼的生活吧

鳄鱼虽然体型巨大，非常危险，可是它们非常聪明，而且行动敏捷，在炎热和温暖地方的丛林岸边常常能见到它们。

防水设备

鳄鱼能在水下自在地生活，是因为它们有一套特殊的防水设备。在鳄鱼的嘴巴和咽喉处，有一种覆盖在颚上的骨质皱襞将其隔开，这样即使鳄鱼在水里张开嘴巴也不用担心水会灌满肚子。另外，鳄鱼小小的耳孔里有一种鼓膜，鼻孔内还有一道活门，每次进入水中都会自动关闭。

鳄鱼的朋友

是不是很吃惊，这么凶猛的动物也会有朋友？不过，牙签鸟和鳄鱼真的是一对好朋友。牙签鸟不但可以在鳄鱼的身上寻找小虫吃，还能进入鳄鱼的口腔中吃东西。有时鳄鱼突然闭上嘴巴，把牙签鸟关在里面，但只要牙签鸟轻轻地啄鳄鱼的上下颚，它就会张开大嘴，让牙签鸟飞出来。

巧妙捕食

鳄鱼将身体隐藏在水中，就像一截枯木或一块礁石，静静地等待着猎物。一旦有猎物靠近岸边，它们会突然冲出水面，就像火箭一样直射到空中，抓住猎物。

容易脱落的牙齿

鳄鱼的牙齿非常锋利，但是很容易脱落，不过脱落后也很快会长出新的牙齿。也许正是因为这个原因，鳄鱼吃食时从不会用牙齿咬，而是用嘴巴像钳子那样把食物夹住，然后整个吞进肚子。

杀死猎物

因为无法使用牙齿，鳄鱼不得不想出各种方法杀死猎物。比如，捕到较大的水生动物时，便将其抛向陆地，使其缺氧死亡；当捕到较大的陆生动物时，又会将其拖入水中淹死；当捕到不能吞咽的食物时，就会在石头和树干上猛烈摔打，实在不行，干脆扔在一旁，等腐烂后再吃。

食物

鱼、青蛙、虾、蟹、龟、鳖等许多动物都是鳄鱼的食物，它们很喜欢吃肉。而且，它们很耐饿，年老的鳄鱼可以2年不吃东西，刚出生的小鳄鱼可以4个月不吃东西，真是厉害啊！

鳄鱼是怎么行走的

普通鳄鱼

凯门鳄

每种动物都有自己的运动方式，它们有的爬，有的跳，有的跑，有的游，有的还会钻洞、攀爬，甚至"飞翔"。现在，我们来看看鳄鱼平时是怎么行动的。

腹部贴地前行

当鳄鱼在泥泞的河岸上行动时，腹部贴着地面，四肢伸展在两侧，左右摇摆着前进。

你会识别鳄鱼吗

鳄鱼家族有很多成员,你能叫出它们的名字吗?你知道它们都有哪些特点吗?如果你在摇头,那么快快往下看吧。看完后你就会发现,原来鳄鱼们长得并不一样,而且很容易辨别。

凯门鳄
凯门鳄的头较小,鼻吻部较短。

短吻鳄
短吻鳄吻部短而宽。

恒河鳄
恒河鳄鼻吻部又尖又长,牙齿锋利。

直立行走
当鳄鱼登岸后,腹部离开地面,四肢站立支撑起身体前行,但尾巴拖在地面上。

跳跃前行
有些鳄鱼为了追捕猎物,还能够小步跳跃着前进,它们把尾巴举到空中,四肢腾空跃起,一次可以连续前进100米。

棱皮龟

棱皮龟是世界上最大的一种海龟。它们的壳上有一道道凹槽。

四爪陆龟

四爪陆龟十分珍贵,它们生活在中亚和我国的新疆西部一带。它们喜欢吃植物的叶片和果肉,饮水时还会发出"咯咯"声。

斜桁头龟

斜桁头龟生活在非洲海岸,它们的甲壳前端一直延伸到脖子上方,形成一个开口,可以很好地躲避捕食者的进攻。

豹纹龟

豹纹龟的甲壳十分有趣,每个甲片都凸起来,中心是黄色,向周围发射开来,非常美丽。它们在草地上爬行时,龟壳可以很好地伪装自己。

红耳龟

红耳龟的眼睛后面有一条艳艳的红色带,这是它们独特的标志。红耳龟喜欢像叠罗汉一样叠在一起晒太阳。它们很机警,一有风吹草动就会立刻滑入水中。

凹甲陆龟

凹甲陆龟生活在干燥的丘陵或斜坡上,背甲边缘向上翘起。凹甲陆龟非常胆小,在雨季时常常集体出来饮水。

假斑圆龟

假斑圆龟是淡水龟,生活在美国中北部的河流、湖泊和池塘里。

龟的秘密

老寿星
大部分龟可以活几十年,但是有的龟可以活几百年。所以,龟在人们眼中象征着长寿。

仰头示威
如果你发现两只巨龟把脖子伸得长长的,张开嘴巴,那就说明它们之间发生了争执,正在吵架呢!

不同的龟脚
怎么区分海龟、陆龟和淡水龟呢?其实,只要看看它们的脚,就知道是什么龟了。

海龟——脚呈鳍状,方便游泳。

陆龟——脚爪有趾,没有蹼,利于在陆地行走。

淡水龟——趾间有蹼,可以游泳,也可以在陆地爬行。

哭泣的龟

当海龟上岸后，常常可以看见它们在"哭泣"。其实，它们并不是真的在哭，而是通过眼睛附近的特殊腺体排出身体里的盐分。当它们在海里时，因为"泪水"马上被海水冲走，所以很难被发现。

游泳健将

海龟在陆地行走时，总是慢慢腾腾的，看着真让人着急。可是它们一进入海中，就立刻变得灵活起来，可以飞快地游动。一些海龟每小时可以游29千米。

不会被憋死

一些海龟能够在水下待上好几天而不会被憋死，你知道为什么吗？原来，海龟在水中时会利用一个叫"肛囊"的特殊器官呼吸海水中的空气。

形形色色的蜥蜴

蜥蜴不仅是数量和种类最多的爬行动物,也是分布最广的爬行动物,不论在闷热的雨林,还是在酷热的沙漠,都能看见它们的身影。

欧洲避役

欧洲避役的身体呈黄褐色,布满了黑色斑纹。当它们受到惊吓时,身体颜色会变得更加暗淡,而且身体还会膨胀起来,吓跑敌人。

鳄蜥

鳄蜥是一种古老而珍贵的动物,只生活在我国,数量十分稀少,大约有2500只。

巨蜥

巨蜥一般生活在山谷溪流附近,它们擅长游泳,常常跳入水中捕食鱼类,还可以爬到树上觅食。

阿拉伯蟾头鬣蜥

阿拉伯蟾头鬣蜥是一种过着穴居生活的蜥蜴。它们在沙漠中拖着身体来回穿行,可以迅速将身体埋在沙土中。

杰克逊避役

杰克逊避役的头上长着三个大犄角,可以帮助它们相互辨认彼此。同时,犄角也是它们战斗和防卫的武器。

科莫多巨蜥

科莫多巨蜥是世界上最大的蜥蜴,平均体长有2~3米,重100多千克。它们是贪婪的食肉动物,利用长长的分叉的舌头寻找猎物,尤其喜欢吃动物们腐烂的尸体。

杰克逊避役

绿蜥

豹纹壁虎

豹纹壁虎
豹纹壁虎橘黄色的皮肤上布满了黑点，与豹子的毛色很像。

绿蜥
绿蜥的体色为亮绿色，尾巴几乎是身体的2倍长，它们平时捕食昆虫、蜘蛛和小鸟，冬季在树洞和石缝中冬眠。

鳄蜥

鬣蜥

科莫多巨蜥

鬣蜥
鬣蜥是世界上最大的食草蜥蜴之一。它们大部分时间都趴在树上晒太阳，全身覆盖着绿色鳞片，可以很好地隐藏自己。

美餐时间到啦

大部分蜥蜴以小昆虫、蜘蛛、小型哺乳动物和鸟类为食,它们捕食时迅速而机敏,常常会轻松得手。不过,也有一些蜥蜴只吃植物和果实,比如鬣蜥、石龙子。

黏黏的舌头

变色龙生有超级长的舌头,是动物界的冠军。而且它们的舌头神奇无比,末端有黏液,不用时蜷缩在口中,当发现猎物时,舌头迅速充血,舌肌收缩,舌头闪电般地喷射出去,粘住猎物,再送回口中饱餐一顿。

摇摆进食

裸眼蜥一旦捕捉到昆虫,会先剧烈地左右摇晃,把猎物甩晕,再放进口中,把猎物咬碎吃下。

爱吃肉的泰加蜥

在泰加蜥的食谱上,几乎都是肉类。瞧,泰加蜥连响尾蛇都不放过,吃得正香呢!

毒蜥

吉拉毒蜥是少数几种有毒的蜥蜴之一。这种蜥蜴行动缓慢,专门捕食老鼠,寻找鸟蛋,很少攻击人类。

不怕刺的加拉巴戈斯陆鬣蜥

一提到仙人掌,人们就会想到上面锋利的刺。不过,加拉巴戈斯陆鬣蜥却不怕刺,它们非常喜欢吃仙人掌的嫩茎和果实。奇怪的是,仙人掌的刺并不会对它们的内脏有任何伤害。

搞笑大作战

巨蜥全身布满鳞片,四肢粗壮,趾上还有尖锐的爪,而且它们擅长游泳,还会爬树,因此很多人以为巨蜥非常勇猛。不过,看了下面这幅巨蜥遇到蛇群的搞笑画面,你就会对它们"刮目相看"了。

一只巨蜥爬到树上,用锋利的爪子不停地抓树,发出噪声,来恐吓敌人。

一只巨蜥一边使劲鼓起脖子,使身体变粗壮,一边吐着长长的舌头,发出"嘶嘶"的声音。

有的巨蜥选择勇敢迎战。它们将身体向后,面对敌人,摆出一副格斗的架势,用尖锐的牙和爪进行攻击,在相持一段时间后,慢慢地靠近对方,把身体抬起,出其不意地甩出那长而有力的尾巴,如同钢鞭一样向对方抽打过去,常常使敌人惊慌逃窜,甚至丧命在它的大尾巴下。

有时巨蜥会猛地把肚子里的食物喷向敌人,趁敌人还没反应过来,急忙溜之大吉。

有时敌人太强大,巨蜥干脆跳入水中躲起来。

沙蜥的一天

沙蜥和大多数爬行动物一样，白天四处活动，但是气温和周围的环境会影响它们一天的生活。

等身体暖和后，沙蜥开始捕猎、交配和保卫领地。

中午过后，是一天中最热的时候，沙蜥来到阴凉处乘凉。

下午，天气不是很热了，沙蜥又开始活动了。

沙蜥醒来的第一件事就是晒太阳，这样才能获取一天活动所需要的能量。

黄昏时，沙蜥一边晒着太阳，一边消化白天吃下的食物。

太阳刚刚升起，沙蜥从巢穴里爬出来。

天黑后，沙蜥返回家中。

沙蜥睡觉时，蜷缩着身体，尽量保持着白天获取的热量。

没有毒的巨蟒

全世界大约有3200种蛇,从只有20厘米长的线蛇到十几米长的大蟒蛇,形形色色、各种各样。蛇几乎吃各种肉,小到蚂蚁,大到鳄鱼。它们虽然没有腿,却非常灵活,可以快速前行。现在,我们先来认识蟒蛇。它们虽然体型巨大,性情凶猛,却属于无毒蛇类。

绿蟒

绿蟒一般生活在树上,它们把绿色的身体缠绕在树枝上,静静等待猎物的到来。

水蟒

水蟒是世界上最长、最重的蛇之一。它们一生中大部分时间都在水中生活。不过,水蟒也会爬树。

巨蚺

巨蚺(rán)是现在世界上最大的蛇类之一,从沙漠到茂密的森林,都有它们的踪迹。巨蚺身体的图案和颜色差别很大,这种蟒很会伪装自己。

> 你知道吗,大部分的蛇都是独居动物,只有在繁殖季节,几条相同种类的蛇才会聚在一起。

小心,这些蛇有毒

其实,大部分蛇都没有毒,全世界大约只有400种蛇有毒。蛇用毒液麻痹和杀死猎物,有时也用毒液保护自己。

竹叶青

竹叶青是一种很常见的毒蛇,一般生活在山区的草丛和竹林里。竹叶青全身绿色,在竹林中可以很好地伪装自己。

珊瑚蛇

珊瑚蛇外表美丽,却有剧毒,它的毒液可以轻易地让一个成年人丧命。

眼镜王蛇

眼镜王蛇是世界上最大的毒蛇,它们能产出大量毒液。眼镜王蛇非常凶狠,不仅会捕食其他蛇,还会毫无征兆地攻击人类。

响尾蛇

响尾蛇种类很多，一般生活在美洲，皮肤与泥土的颜色很像，上面有斑点和花纹。响尾蛇可以发出声音，有时离几十米远也能听到。

角响尾蛇

角响尾蛇的眼睛上长着一对角，就像一把小小的遮阳伞。它们在地面穿行时，会留下一串平行的"J"字形痕迹。

太攀蛇

太攀蛇的毒性是眼镜王蛇的100倍，一次排出的毒液足够杀死100个成年人。瞧瞧，这数字实在够可怕！幸好，太攀蛇分布在人迹罕至的澳大利亚荒漠中，而且性情温和，遵守着"人不犯我，我不犯人"的规则，否则人类可真的要遭殃了。

印度眼镜王蛇

印度眼镜王蛇在舞蛇人中非常受宠，它们会跟着音乐节奏舞动。不过，这种蛇受到打扰后，会猛地向后跃起，张开皮兜，恐吓敌人。

黑曼巴蛇

黑曼巴蛇是非洲最大的毒蛇，这种蛇速度快，攻击性强，有"非洲死神"之称。黑曼巴蛇的名字源于它漆黑的口腔。它的毒牙里有20滴毒液，只需2滴就可以麻痹人的神经，使人身体瘫痪，只需1小时，就会使人窒息而亡。

印度眼镜王蛇

黑曼巴蛇

角响尾蛇

太攀蛇

在野外被蛇咬了怎么办

在野外，一条条蛇神出鬼没地在草丛中游荡，我们一不小心就会被咬到。如果在野外被咬到，我们要怎么办呢？

① 检查伤口，如果有两个或三个较深的齿洞，那就是被毒蛇咬了，如果是两排细的齿印，就是无毒蛇咬的。

② 如果是毒蛇咬伤，要用细绳在距离伤口约20厘米处扎紧，防止毒液进入身体。

③ 用小刀或石块把伤口呈十字形划开。

④ 挤出毒液，如果口腔里没有伤口，也可用嘴将毒液吸出，每吸1次漱口再吸。

⑤ 吸完后，将嫩草、嫩叶嚼烂涂抹在伤口上，清洗伤口。

⑥ 每过十几分钟，把细绳解开1~2分钟，让身体血液循环。

⑦ 去最近的医院治疗，因为有的毒液可以在几小时之内取人性命，所以千万不能拖延。

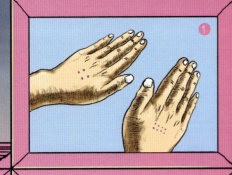

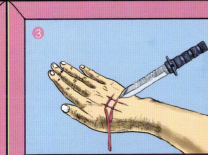

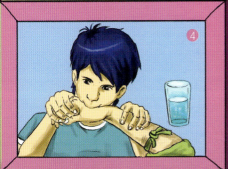

蛇是怎么运动的

蛇没有腿也没有脚，但行动起来非常灵活、迅速，有的甚至能爬树、游泳和"飞行"。蛇用柔软的身体在地面蜿蜒前行，它们爬行的姿势有四种，即迂回型、折叠型、直线型和横向型。

肋皮肌　肋骨

腹鳞

特殊的身体结构

蛇独特的爬行本领和它的鳞片外衣、骨骼构造有关。

1. 腹鳞呈长方形。
2. 腹部两侧至脊背的鳞比较小，叫体鳞。
3. 腹鳞通过肋皮肌与肋骨相连。
4. 肋皮肌收缩时，引起肋骨向前移动，从而带动腹鳞翘起，翘起的鳞片尖端就像许多只小小的脚，会推动身体前进。
5. 椎骨前端有一对椎突，与前一椎骨后端的椎弓凹构成关节，增强了蛇全身关节的牢固性和波状运动的能力。
6. 通过身体不断对地面施加压力，配合腹鳞的活动，蛇就能快速向前爬行了。

体鳞

爬行姿势

迂回型
蛇用身体侧面着地，不停地扭动身体，呈"S"形向前曲折移动。

折叠型
蛇隆起身体，用尾巴控制前进方向，一拱一伏地前进。

直线型
一些体型巨大又笨重的蛇，腹部贴着地面，利用肌肉的收缩呈波纹状推动身体前行。

横向型
蛇向侧前方探头，身体随之前进，呈明显的"J"痕迹。

喜欢偷袭的大胃王

自然界有很多大胃王，但像蛇族这样只凭借一张又扁又小的嘴巴就可以吞下一大野猪或一头鹿的却实在罕见。你知道蛇为什么能有这种本领吗？

❶ 大蟒蛇藏匿在草丛中，准备袭击一只羚羊。

❷ 突然，大蟒蛇扑上去，用身体紧紧地缠绕住羚羊，使它无法挣脱，最后窒息而死。

❸ 蟒蛇把嘴张得大大的，先咬住猎物的头部，然后慢慢吞下去。

❹ 蟒蛇将食物从喉咙处慢慢地推到尾部，这时蛇的反应最慢，很容易受到其他动物的袭击。等猎物完全下肚后，蟒蛇要花很长时间才能将其消化掉。

蟒蛇常常用埋伏战术来捕捉猎物。它们捕到猎物后，不论其体型大小，都是不用咀嚼而直接把猎物吞下。

进食

我们人类的嘴巴只能张开到30度左右，而蛇却能张开到130度！这是因为蛇连接头部到下巴的骨骼很小，还可以自由活动，所以嘴巴可以张开得很大很大。

钩状牙齿使蛇很方便地把巨大的食物送进咽喉。

蛇的胸部没有胸骨，食物进入后可以随意地胀大肚皮。

蛇还会分泌出大量的唾液，这就像"润滑剂"，可以帮助吞咽和消化食物。

关于爬行动物的秘密

爬行动物无处不在，除了寒冷的南极和北极，几乎在世界上每一个角落都能发现它们的踪迹。爬行动物的历史更是非常久远，它们已经在地球上生活了几亿年，而人类的出现只有几百万年，所以关于爬行动物的秘密正在一点点地被发现。

最早的爬行动物

乌龟是地球上现存出现最早的爬行动物，它们的远亲几乎和恐龙同时出现在地球上。

会飞的爬行动物

地球上曾经生活着许多像蝙蝠一样的爬行动物——翼龙，它们的翼指骨间的皮肤连成翅膀，可以飞翔。

远亲

鳄蜥在恐龙时代曾广泛地生活在地球上，但是现在数量非常稀少。它们是生活在一亿四千万年以前的潜龙的远亲。

进化

现在的爬行动物中，蛇是最晚进化出来的。

第三只眼

和其他蜥蜴一样，鳄蜥的两眼中间也有一只神秘的第三只眼——松果眼。这只松果眼无法让鳄蜥看得更清楚，但是能感应到强烈的光和艳丽的色彩。

你还能认出它们吗

爬行动物看起来和人类并没有什么关系。其实，它们早已经走入了我们的生活，只是大部分已经让人无法认出来了。

乌龟肉是非常受欢迎的滋补食物。

蛇皮经过加工，被制成皮带、皮包、皮鞋、手带等各种物品。

鳄鱼皮以奢华著称，是独一无二的皮革。鳄鱼皮质地饱满，花纹富丽，越用越光亮、柔软。一般两只鳄鱼的皮才能制成一个小包包，所以鳄鱼皮具的售价很高。

蛇肉含有丰富的营养物质，是一种纯天然绿色野味食品。

变色龙是蜥蜴家族中的佼佼者，它们以独特的变色魅力受到人们的喜爱，成为许多人的宠物。

鳄鱼全身都是宝，大部分内脏和骨头都可以入药。

如果爬行动物消失了，人类将会……

爬行动物是自然界生态系统中的重要组成部分，担当着猎物或捕食者的角色。可是，现在世界上许多种爬行动物都处于濒临灭绝的境地。试想，如果没有了它们，人类将会怎么样呢？

蛇是老鼠的致命天敌，可是因为蛇被大量捕杀，老鼠的数量越来越多，农田被严重破坏。

鳄鱼就像清道夫一样，能清除水中的死鱼和动物尸体，保持水质清洁。可是，因为鳄鱼的逐渐消亡，河水将变得又脏又臭。

爬行动物已经在地球上生活了很久很久，其中蛇、蜥蜴、鳄鱼等物种已经有3亿多年的历史，它们是人类的好朋友，影响着人类的生存环境，我们一定要珍惜和保护爬行动物。

大部分蜥蜴以昆虫为食。随着蜥蜴数量的减少，昆虫繁殖越来越多，越来越快。当人们来到野外时，许多植物上爬满了昆虫，有时众多昆虫还会"围攻"人类，实在非常可怕。

玳瑁是最美丽的一种乌龟，因为人类的滥杀，全世界每年有5万~8万只玳瑁被捕杀，现在它们已经濒临灭绝，海洋中又要消失一道美丽的色彩了。

本书编绘人员名单

王艳娥	刘晓丽	王阳光	邵晗茹	刘听听	庄殿武	孙雪松	王立刚	韩 旭	崔 月
田 晰	吴金红	王 丹	王自伟	孙海建	杨立国	陈禄阳	邱佳丰	王迎春	康翠苹
崔 颖	王晓楠	李佳兴	虞佳鑫	姜 茵	丁 雪	那 娜	宁 涛		